RUCOLA & BÄRLAUCH

... die Frühlingsboten

Rucola und Bärlauch sind aus unserer Küche nicht mehr wegzudenken. Sie wecken die Lebensgeister und bringen den Organismus nach dem Winter auf Trab. Wenn Sie im Frühjahr durch feuchte Auwälder oder schattige Laubwälder spazieren, können Sie den Bärlauch (Waldknoblauch) schon an seinem intensiven Duft erkennen. Die Blätter – am Anfang der Saison zart und fein, später kräftiger – wachsen oft in unendlichen Mengen. Bärlauch bekämpft Bakterien, beruhigt Magen und Darm, hilft bei Appetitlosigkeit und dämpft Husten. Rucola (Rauke) ist wild wachsend eher rar, bei Hobbygärtnern aber sehr beliebt. Die länglichen Blätter schmecken nussig-würzig bis leicht bitter. Sie sind reich an Mineralstoffen und Vitamin C, vertreiben die Frühjahrsmüdigkeit und regen den Appetit an.

BÄRLAUCHBROTE

➤ **schnell | einfach**

Bärlauch frisch genießen!
Gekocht, getrocknet oder gefroren
verliert er leider an Geschmack

Zutaten für 4 Personen:

- *80 g junge zarte Bärlauchblätter (ca. 3 Hand voll)*
- *1 Bund Schnittlauch*
- *250 g Quark*
- *3 EL Milch*
- *Salz · Pfeffer*
- *Paprika, edelsüß*
- *1 TL Zitronensaft*
- *100 g weiche Butter*
- *4 Tomaten*
- *einige kräftige Vollkornbrotscheiben (Bauernbrot)*

ZUBEREITUNGSZEIT: 40 MIN.
PRO PORTION ETWA: 1700 KJ/405 KCAL

1 Bärlauch und Schnittlauch abbrausen und trockentupfen. Einige Bärlauchblätter zur Seite legen. Die restlichen Kräuter sehr fein schneiden und in drei Portionen teilen.

2 Den Quark mit Milch und einem Teil Kräuter verrühren. Mit Salz, Pfeffer, Paprika und 1/2 TL Zitronensaft pikant abschmecken.

3 Butter mit dem zweiten Teil der Kräuter, dem restlichen Zitronensaft, Salz und Pfeffer mit einer Gabel verkneten. Die Tomaten waschen, trockenreiben und in Scheiben schneiden.

4 Die Brote mit Bärlauchbutter bestreichen. Ein Drittel mit Quark bestreichen, ein Drittel mit Tomaten belegen, den Rest nach Belieben nur mit Butter belassen. Die Tomatenbrote salzen, pfeffern und mit den restlichen geschnittenen Kräutern bestreuen. Die Brote teilen und mit den zurückgelegten Bärlauchblättern anrichten.

 **TIPP:** Noch ein Genuss: Ziegenfrischkäse aufs Brot geben, mit Olivenöl beträufeln und dick mit gehacktem Bärlauch bestreuen.

FRÜHLINGSSALAT

➤ fürs Auge

Nutzen Sie die Bärlauchzeit und
essen Sie ihn so oft wie möglich

Zutaten für 4 Personen:

- *4 Eier*
- *200 g junger, knackiger Spinat*
- *60 g junge Bärlauchblätter (ca. 2 Hand voll)*
- *1 Bund Radieschen*
- *100 g Champignons*
- *2 Tomaten*
- *1 Bund Schnittlauch*
- *Für die Vinaigrette:*
- *3 EL Apfel- oder Weinessig*
- *Salz*
- *6 EL Olivenöl • Pfeffer*

ZUBEREITUNGSZEIT: 50 MIN.
PRO PORTION ETWA: 1005 KJ/240 KCAL

1 Die Eier in ca. 10 Min. hart kochen und abkühlen lassen. Den Spinat putzen und zusammen mit den Bärlauchblättern waschen. Gut abtropfen lassen und größere Blätter zerpflücken. Auf Tellern verteilen.

2 Die Radieschen putzen, waschen und halbieren. Die Pilze ebenfalls putzen und in Scheiben schneiden. Die Tomaten waschen und achteln. Die Eier pellen und vierteln. Alles auf dem grünen Blätterbett verteilen.

3 Den Schnittlauch waschen und in Röllchen schneiden. Den Essig mit etwas Salz verrühren, dann nach und nach das Olivenöl unterschlagen.

4 Schnittlauch und Vinaigrette über dem Salat verteilen und mit frisch gemahlenem Pfeffer bestreuen.

BÄRLAUCHSÜPPCHEN

➤ **für zwei Genießer**

Bärlauch hat viel Vitamin C,
deshalb sollte man öfter so
eine gesunde Suppe kochen

Zutaten für 2 Personen:

- 400 ml Gemüsebrühe (aus dem Glas)
- 100 g Sahne
- Salz
- weißer Pfeffer
- Cayennepfeffer
- 30 g junge Bärlauchblätter (ca. 1 Hand voll)
- 1 Knoblauchzehe
- 1 Scheibe Vollkornbrot
- 2 Scheiben Räucherlachs
- 2 TL saure Sahne

ZUBEREITUNGSZEIT: 45 MIN.
PRO PORTION ETWA: 1510 KJ/360 KCAL

1 Die Brühe mit der Sahne in einem Töpfchen bei milder Hitze in 8–10 Min. etwas einköcheln lassen. Mit Salz, Pfeffer und 2 Prisen Cayennepfeffer abschmecken.

2 Den Bärlauch waschen und trockentupfen. 2 Blätter zur Seite legen, den Rest sehr fein schneiden und in die Brühe geben. Nicht mehr köcheln lassen.

3 Die Knoblauchzehe schälen. Das Brot toasten und mit dem Knoblauch einreiben. Das Brot in kleine Würfel schneiden. Den Lachs und die beiden Bärlauchblätter in dünne Streifen schneiden.

4 Die Suppe portionsweise mit Brotcroûtons, Lachsstreifen und frischem Bärlauch bestreuen. Einen Klecks saure Sahne in die Mitte geben und sofort servieren.

TIPP: Für Bärlauchfans! Bärlauch (mit der Zwiebel) im Wald ausgraben und in den heimischen Garten verpflanzen.

BÄRLAUCHSPINAT

➤ vegetarisch

Hier sollten Sie einige der intensiven Bärlauchzwiebelchen mit verwenden

Zutaten für 3 Personen:

- *400 g frischer Blattspinat*
- *100 g Bärlauchblätter (ca. 4 Hand voll)*
- *4 Bärlauchzwiebeln*
- *1 EL Butter*
- *2 EL Olivenöl*
- *Salz*
- *Pfeffer*
- *Cayennepfeffer*
- *frisch geriebene Muskatnuss*
- *1 TL Zitronensaft*

ZUBEREITUNGSZEIT: 50 MIN.
PRO PORTION ETWA: 480 KJ/115 KCAL

1 Den Spinat putzen, waschen und abtropfen lassen. Den Bärlauch waschen und grob zerschneiden. Von den Zwiebelchen die dünnen, durchsichtigen Häute abziehen und die Zwiebeln klein schneiden.

2 In einem Topf Butter und Olivenöl schmelzen lassen, die Zwiebeln darin leicht andünsten. Spinat und Bärlauch hinzufügen und bei mittlerer Hitze zugedeckt in ca. 4 Min. zusammenfallen lassen.

3 Den Bärlauchspinat pikant mit Salz, Pfeffer, Cayennepfeffer, Muskat und Zitronensaft würzen. Diese Gemüsebeilage können Sie zu Fischfilet wie Seelachs oder Kabeljau servieren.

 **TIPP!** Der Spinat passt auch zu Rühr- oder Spiegeleiern, Lamm, Geschnetzeltem oder kurzgebratenem Fleisch.

BÄRLAUCH-GNOCCHI

➤ **raffiniert**

Die leckeren Gnocchi schmecken
als Beilage oder Hauptgericht

Zutaten für 3 Personen:

- *3 mehlig kochende Kartoffeln (ca. 300 g)*
- *40 g Bärlauchblätter (ca. 1 Hand voll)*
- *2 Frühlingszwiebeln*
- *60 g Butter*
- *1 Ei*
- *2 EL Mehl*
- *2 EL Weizengrieß*
- *Salz · Pfeffer*
- *frisch geriebene Muskatnuss*
- *Mehl für die Arbeitsfläche*

ZUBEREITUNGSZEIT: 1 STD. 30 MIN.
PRO PORTION ETWA: 1220 KJ/290 KCAL

1 Die Kartoffeln waschen, mit Wasser bedecken und in ca. 25 Min. gar kochen.

2 Inzwischen Bärlauch waschen, trockenschütteln und grob zerschneiden. Die Zwiebeln putzen und bis zum hellgrünen Teil klein würfeln. 1 EL Butter erhitzen und die Zwiebeln darin leicht andünsten. Bärlauch dazugeben und kurz durchschwenken. In einem Rührbecher mit dem Ei pürieren.

3 Die Kartoffeln abgießen, schälen und sofort durch die Kartoffelpresse drücken. Bärlauchpüree, Mehl und Grieß dazugeben und kräftig mit Salz, Pfeffer und Muskat würzen. Alles zu einem Teig vermengen.

4 Auf bemehlter Arbeitsfläche den Teig dritteln und die Teile jeweils zu einem daumendicken Strang rollen. Kleine Stücke abschneiden und zwischen den bemehlten Händen rollen. Mit einer Gabel Rillen zeichnen (Seite 18).

5 In einem flachen, breiten Topf Salzwasser aufkochen und die Gnocchi darin portionsweise 4 Min. ziehen lassen. Mit einem Schaumlöffel herausheben und abtropfen lassen.

6 In einer Pfanne die restliche Butter erhitzen, leicht salzen und die Gnocchi darin schwenken. Als Beilage zu Wild, Kaninchen, Schweine-, Kalbs- oder Fischfilet oder als Hauptgericht mit Parmesan und Salat servieren.

SPAGHETTI MIT BÄRLAUCHPESTO

➤ **würzig**

Bärlauchpesto ist lange haltbar und sehr vielseitig

Zutaten für 4 Personen:

- *100 g Pinienkerne*
- *80 g junge Bärlauchblätter (ca. 3 Hand voll)*
- *ca. 150 ml Olivenöl*
- *Salz*
- *Pfeffer*
- *400 g Spaghetti*
- *100 g frisch geriebener Parmesan*

ZUBEREITUNGSZEIT: 1 STD.
PRO PORTION ETWA: 3600 KJ/860 KCAL

1 Die Pinienkerne ohne Fett in einer Pfanne goldgelb anrösten, so bekommen sie ein feines Aroma. Danach im Mixer grob zerkleinern.

2 Den Bärlauch waschen, trockentupfen und die Blätter klein schneiden.

3 Den Bärlauch zu den Pinienkernen in den Mixer geben und unter Mixen nach und nach Olivenöl dazugeben, bis das Pesto eine schöne cremige Konsistenz hat. Mit Salz und Pfeffer würzen.

4 Die Spaghetti in reichlich Salzwasser nach Packungsanweisung kochen. Durch ein Sieb abgießen und in einer Schüssel mit dem Pesto vermischen. Mit Parmesan bestreuen und sofort servieren. Dazu schmeckt ein frischer, knackiger Salat.

TIPPS: Das Pesto schmeckt auch lecker zu Spargel, neuen Kartoffeln oder gebratenem Fisch. Bereiten Sie Pesto auf Vorrat zu: In ein Schraubglas füllen, mit etwas Öl bedecken und im Kühlschrank aufbewahren. Hält sich so 4–6 Wochen. Genauso können Sie Pesto aus Rucola herstellen.

BÄRLAUCHQUICHE

➤ **vegetarisch**

Vor dem Anschneiden etwas ruhen lassen

Zutaten für 1 Springform (26 cm Ø):

- *200 g Mehl*
- *4 Eier · Salz*
- *4 EL Milch · 80 g kalte Butter*
- *100 g junge Bärlauchblätter (ca. 4 Hand voll)*
- *1 Bund Schnittlauch*
- *1 kleine rote Paprikaschote*
- *500 g Magerquark*
- *150 g saure Sahne*
- *1 TL Zitronensaft*
- *1 EL Grieß*
- *Pfeffer · Cayennepfeffer*
- *12 Kirschtomaten*

ZUBEREITUNGSZEIT: 30 MIN.
KÜHLZEIT: 45 MIN.
BACKZEIT: 1 STD. 20 MIN.
BEI 4 PERSONEN PRO PORTION ETWA:
1850 KJ/440 KCAL

1 Das Mehl auf eine Arbeitsfläche sieben und in die Mitte eine Mulde drücken. 1 Ei, 3 Prisen Salz und Milch hineingeben. Die Butter in Stückchen auf dem Rand verteilen.

2 Alles mit einem großen Messer bröselig hacken und mit den Händen zu einem glatten Teig verkneten. Auf Mehl ausrollen, in die Form legen und dabei einen Rand hochdrücken. Den Boden mehrmals mit einer Gabel einstechen und 45 Min. kühl stellen.

3 Bärlauch und Schnittlauch waschen, trockenschütteln und fein schneiden. Die Paprika putzen, waschen und in Würfelchen schneiden. Den Ofen auf 200° vorheizen.

4 Den Quark mit restlichen Eiern, Sahne, Zitronensaft, Kräutern, Paprika und Grieß verrühren. Mit Salz, Pfeffer und Cayennepfeffer würzen.

5 Den Teig im Ofen 10 Min. (Mitte, Umluft 180°) vorbacken, herausnehmen und die Quarkmasse darauf verstreichen. Mit halbierten Kirschtomaten garnieren und die Quiche 45–50 Min. backen.

 TIPPS: Unter den Quark noch andere Wildkräuter (Sauerampfer, Schafgarbe oder junge Brennnesseln) mischen. Die Quiche vor dem Servieren mit gehackten Kräutern bestreuen.

16

➤ **Bärlauch** (Bärenlauch, Waldknoblauch)
Bärlauchblätter sehen aus wie die gifti-
gen Maiglöckchen. Doch eine Verwechs-
lung ist kaum möglich, da Bärlauch stark
nach Knoblauch riecht.

1 **Bärlauch-Gnocchi**
Den Teig in drei Teile teilen und jeweils in
lange Stränge rollen. Etwa 2,5 cm große
Stücke abschneiden, rund rollen und mit
einer Gabel Rillen eindrücken.

➤ Die Pflanze hat Zwiebeln (essbar), meist
zwei Blätter, und aus der Mitte wächst
ein Stiel mit weißer Dolde. Genießbar ist
Bärlauch nur vor der Blüte, im Spätfrüh-
ling wird er welk und zieht sich ein.

2 Wenn die Gnocchi oben schwimmen, mit
einer Schaumkelle aus dem Wasser
heben. Abtropfen lassen und in Butter
schwenken.

1 **Bärlauchwein**

2 Hand voll Bärlauch waschen, grob hacken und in ein großes, verschließbares Gefäß geben. 1 l Weißwein angießen, gut 2 Monate kühl stellen.

Rucola (Rauke, Senfkohl)

Rauke ist eine Salatpflanze, die schon unsere Vorfahren schätzten. Wild wachsend, wie hier gezeigt, kommt er jedoch kaum noch vor.

2 Den Inhalt durch ein feines Sieb (Filter) gießen und in kleine Flaschen füllen. Das alte Hausmittel hilft bei Magen-Darm-Beschwerden.

Im Laden bekommt man heute den gezüchteten Rucola das ganze Jahr über im Bund oder Schälchen.

SANDWICHES MIT RUCOLA

➤ Schnelles, nicht nur für unterwegs

Würzig belegte Brote fürs Buffet, Picknick, Büro oder unterwegs

TRAMEZZINI

Zutaten für 4 Personen:

- *1/2 Bund Rucola*
- *1 kleines Stück Salatgurke*
- *4 Scheiben Vollkorntoast*
- *3 EL Frischkäse mit Meerrettich*

ZUBEREITUNGSZEIT: 10 MIN.
PRO PORTION ETWA: 285 KJ/68 KCAL

1 Rucola verlesen (welke Blätter und harte Stiele entfernen). Kurz im Wasser schwenken und im Sieb abtropfen lassen. Grob zerschneiden, einige Blätter als Garnitur zur Seite legen. Die Gurke schälen und in dünne Scheiben schneiden.

2 Toastbrot rösten. 2 Scheiben mit Frischkäse bestreichen, Gurken und Rucola darauf verteilen. Mit restlichem Toast bedecken, leicht andrücken und die Brote diagonal durchschneiden.

LACHSSANDWICH

Zutaten für 4 Personen:

- *1/2 Bund Rucola*
- *1 kleines Stück Salatgurke*
- *4 Scheiben Mehrkornbrot*
- *3 EL Frischkäse mit Meerrettich*
- *4 Scheiben Räucherlachs*
- *Pfeffer · 2 EL gehackte Pistazien*

ZUBEREITUNGSZEIT: 10 MIN.
PRO PORTION ETWA: 732 KJ/175 KCAL

1 Rucola verlesen (welke Blätter und harte Stiele entfernen). Kurz im Wasser schwenken und im Sieb abtropfen lassen. Grob zerschneiden. Die Gurke schälen und in dünne Scheiben schneiden.

2 Brote mit Frischkäse bestreichen, mit Lachs belegen und mit Pfeffer und Pistazien bestreuen. Halbieren und nach Belieben mit Rucola oder Gurkenscheiben anrichten.

BUNTER RUCOLASALAT

➤ schnell | einfach

Die größten Kapern (Kapernäpfel)
sind die eingelegten Früchte des
Kapernstrauches

Zutaten für 4 Personen:

- 150 g Rucola
- 1/2 Bund Radieschen
- 100 g Champignons
- 2 Schalotten
- 3 EL Aceto Balsamico (oder Kräuteressig)
- Salz • Pfeffer
- 1 TL Dijonsenf
- 7 EL Olivenöl
- 150 g Fetakäse (Schafkäse)
- 50 g Kapernäpfel (oder große Kapern)

ZUBEREITUNGSZEIT: 30 MIN.
PRO PORTION ETWA: 1170 KJ/280 KCAL

1 Den Rucola verlesen, waschen und trockenschleudern. Die Radieschen putzen, waschen und in Scheiben schneiden. Die Pilze putzen und ebenfalls in dünne Scheiben schneiden.

2 Die Schalotten schälen, klein würfeln und in eine Salatschüssel geben. Mit einem Schneebesen Essig, etwas Salz und Pfeffer und Senf unterrühren. Dann nach und nach das Öl unterschlagen.

3 Den Rucola, die Radieschen- und Pilzscheiben mit der Sauce vermengen. Den Schafkäse in Würfel schneiden und unterheben.

4 Die Kapernfrüchte über dem Salat verteilen und mit toskanischem Weißbrot oder Olivenbrot servieren.

TIPP: Auf ein Salatbett Tomatenscheiben und gekochte oder pochierte Eier legen und mit Vinaigrette beträufeln (Seite 24).

KARTOFFEL-RUCOLASALAT

➤ mediterran

Diese Beilage passt zu Fisch-,
Geflügel- und Lammgerichten

Zutaten für 4 Personen:

- *800 g kleine fest kochende Kartoffeln*
- *Salz*
- *1/8 l Orangensaft*
- *Pfeffer*
- *1 TL Senf*
- *4 EL weißer Balsamico (oder Kräuteressig)*
- *8 EL Olivenöl*
- *125 g Rucola*
- *10 getrocknete, in Öl eingelegte Tomaten*
- *1/2 Bund Schnittlauch*
- *100 g schwarze Oliven ohne Stein*

ZUBEREITUNGSZEIT: 1 STD.
PRO PORTION ETWA: 1600 KJ/380 KCAL

1 Die Kartoffeln waschen und in einen Topf geben. Mit Salzwasser bedecken und in 25–30 Min. gar kochen. Die Kartoffeln abgießen, ausdämpfen lassen, sofort schälen und vierteln.

2 Den Orangensaft mit 2 Prisen Salz, Pfeffer, Senf und Essig mit einem Schneebesen verrühren. Langsam das Öl darunterrühren. Die Vinaigrette unter die noch warmen Kartoffeln mengen. Die Kartoffeln abgedeckt durchziehen lassen.

3 Rucola verlesen, waschen und trockenschleudern. Die Blätter ein- bis zweimal durchschneiden. Die eingelegten Tomaten in Streifen schneiden. Den Schnittlauch waschen, trockenschütteln und in Röllchen schneiden.

4 Die Kartoffeln mit Rucola, Tomaten und Oliven vermengen. Den Kartoffel-Rucolasalat mit Schnittlauchröllchen bestreuen und gleich servieren.

RUCOLA-SCHINKEN-MÖHRCHEN

➤ **edel**

Wickeln Sie mal den Schinken
nicht um Grissini, sondern um
Möhrchen und Rucola

Zutaten für 4 Personen:

- *2 Bund junge Möhrchen (ca. 12 Stück)*
- *6 EL Olivenöl*
- *Salz*
- *1 TL Zucker*
- *Saft und abgeriebene Schale von
  1 unbehandelten Zitrone*
- *1 Bund Rucola (ca. 125 g)*
- *12 dünne Scheiben Parmaschinken*
- *schwarzer Pfeffer, frisch gemahlen*

ZUBEREITUNGSZEIT: 40 MIN.
PRO PORTION ETWA: 1170 KJ/280 KCAL

1 Von den Möhrchen das Grün bis auf 3–4 cm abschneiden. Möhrchen unter fließendem Wasser abbürsten, trockentupfen.

2 In einem Topf das Öl erhitzen und die Möhren bei schwacher Hitze 3 Min. andünsten. Mit Salz, Zucker und Zitronensaft würzen. Nun abgedeckt noch ca. 8 Min. garen lassen, dabei die Möhren öfter durchschütteln.

3 Die Zitronenschale auf den Möhren verteilen und diese im Topf erkalten lassen.

4 Den Rucola waschen, verlesen und auf Küchenpapier trockentupfen (oder trockenschleudern). Jedes Möhrchen mit einigen Rucolastängeln in 1 Schinkenscheibe einwickeln, dabei das Grün etwas herausschauen lassen.

5 Die Möhren dekorativ auf einer Platte anrichten und kräftig mit Pfeffer bestreuen. Dazu schmeckt frisches Baguette oder Ciabatta.

TIPP : Über den Schinken können Sie noch zusätzlich etwas Orangen-Vinaigrette tröpfeln (Seite 24).

RUCOLA-RISOTTO

➤ **raffiniert**

Beim Risotto sind wichtig: ein guter Topf mit festem Boden und geduldiges Rühren ...

Zutaten für 4 Personen:

- *1 kleine Zwiebel*
- *1 l Gemüse- oder Fleischbrühe*
- *60 g Butter*
- *400 g Risottoreis (z. B. Arborio, Vialone)*
- *100 ml trockener Weißwein*
- *Salz*
- *200 g Rucola*
- *50 g frisch geriebener Parmesan*
- *Pfeffer, frisch gemahlen*

ZUBEREITUNGSZEIT: 1 STD.
PRO PORTION ETWA: 2480 KJ/590 KCAL

1 Die Zwiebel schälen und fein würfeln. Die Brühe erhitzen.

2 2 EL Butter in einem Topf erhitzen, die Zwiebelwürfel darin glasig dünsten. Den Reis (ungewaschen!) dazugeben und sofort umrühren, damit er sich nicht ansetzt. Nach 1 Min. mit Wein ablöschen, leicht salzen und bei mittlerer Hitze weiterrühren, bis der Wein aufgesogen ist.

3 Etwas Brühe dazugießen und rühren, bis die Flüssigkeit aufgenommen ist. Dann wieder Brühe angießen, weiterrühren und das Ganze so lange wiederholen, bis die Brühe verbraucht ist.

4 Den Rucola waschen und verlesen, 8 Rucolastängel zur Seite legen, die übrigen fein zerschneiden.

5 Ist der Risotto schön cremig, aber noch leicht körnig, den Rucola, restliche Butter und Parmesan unterrühren. Kräftig pfeffern, in Teller füllen und mit den ganzen Rucolablättern garnieren.

TIPP: Mischen Sie unter den Reis noch 1 EL Crème fraîche und feine Schinkenstreifen.

PIZZA RUCOLA

➤ für Genießer

Besonders knusprig wird die Pizza in einem runden Pizzablech mit 32 cm Ø

Zutaten für 4 Personen:

- *150 g Magerquark*
- *10 EL Olivenöl*
- *1 Ei*
- *Salz*
- *200 g Mehl*
- *1 Bund Rucola (ca. 150 g)*
- *je 1/2 Bund Bärlauch, Basilikum und Petersilie*
- *Pfeffer, frisch gemahlen*
- *200 g Kirschtomaten*
- *80 g frisch geriebener Parmesan*

ZUBEREITUNGSZEIT: 1 STD.
BACKZEIT: 40 MIN.
PRO PORTION ETWA: 2350 KJ/560 KCAL

1 Den Quark abtropfen lassen und in einer Schüssel mit 3 EL Öl, Ei, 1 TL Salz und Mehl mit den Knethaken des Handrührgerätes zu einem glatten Teig verrühren. Abgedeckt 30 Min. kühl stellen.

2 Inzwischen Rucola und Kräuter verlesen, waschen und trockenschleudern. 1/2 Hand voll Rucola zur Seite legen, alle anderen Kräuter fein hacken. 3 EL Öl erhitzen, gehackten Rucola darin andünsten. Restliche Kräuter dazugeben, salzen, pfeffern, 3–4 Min. garen. Den Ofen auf 180° vorheizen.

3 Den Teig ausrollen, in die gefettete Form legen und einen Rand hochdrücken. Mit Backpapier abdecken und 20 Min. vorbacken.

4 Tomaten waschen und halbieren. Parmesan mit restlichem Olivenöl verrühren. Die Form aus dem Ofen nehmen, Kräutermischung und Tomaten auf dem Teig verteilen, Parmesanpaste darauf verstreichen.

5 Die Pizza im Ofen (unten, Umluft 160°) in 20 Min. fertig backen. Die restlichen Rucolastängel durchschneiden und darauf verteilen.

TIPP: Statt Bärlauch können Sie auch 2 Knoblauchzehen unter den Parmesan pressen.

SEELACHS MIT RUCOLA

➤ **gelingt leicht**

Rucola, Pinienkerne und Fisch –
eine gelungene Kombination!

Zutaten für 4 Personen:

- *600 g Seelachsfilet*
- *1/2 Zitrone*
- *Salz*
- *Pfeffer*
- *3 EL Pinienkerne*
- *4 mittelgroße Tomaten*
- *250 g Rucola*
- *1/2 Bund Petersilie*
- *2 EL Butter*
- *2 EL Olivenöl*
- *100 ml Fisch- oder Gemüsefond (aus dem Glas)*

ZUBEREITUNGSZEIT: 50 MIN.
PRO PORTION ETWA: 1220 KJ/290 KCAL

1 Den Fisch waschen, trockentupfen und in Portionsstücke schneiden. Zitrone auspressen und den Fisch mit etwas Zitronensaft, Salz und Pfeffer würzen. Abgedeckt zur Seite stellen.

2 Die Pinienkerne ohne Fett goldbraun anrösten und zur Seite stellen. Die Tomaten mit heißem Wasser überbrühen, nach 2 Min. die Haut abziehen, die Tomaten achteln und das weiche Innere entfernen.

3 Rucola verlesen, waschen und grobe Stiele entfernen. Die Petersilie waschen, trockenschütteln und fein schneiden.

4 Butter und Öl in einer großen Pfanne erhitzen und den Seelachs darin auf jeder Seite leicht anbraten. Mit dem Fond ablöschen und abgedeckt 4–5 Min. dünsten.

5 Rucola und Tomaten seitlich in der Pfanne verteilen und erhitzen. Alles mit restlichem Zitronensaft, Salz und Pfeffer würzen. Mit Pinienkernen und Petersilie bestreuen. Dazu schmecken Salzkartoffeln.